8° F Pièce
2230.

DES

MARCHÉS A TERME

HISTORIQUE ET LÉGISLATION

COMMENTAIRE DE LA LOI DU 28 MARS 1885

PAR

Édouard BADON-PASCAL

Avocat,

Membre de la Société d'Économie politique.

PRIX : **1** Franc.

PARIS

ADMINISTRATION DU DROIT FINANCIER

1, RUE ROSSINI, 1

1895

LE DROIT FINANCIER

Jurisprudence des Valeurs mobilières et des Sociétés.

RECUEIL BI-MENSUEL.

Fondé en 1888 par *M. EDOUARD BADON-PASCAL.*

Avocat, membre de la Société d'économie politique.

8ᵉ ANNÉE.

PRIX DE L'ABONNEMENT :

FRANCE ET ALGÉRIE : **16** fr.

ETRANGER **18** fr.

Les abonnements sont annuels et partent du 1ᵉʳ janvier.

OUVRAGES FINANCIERS

publiés par M. Ed. Badon-Pascal.

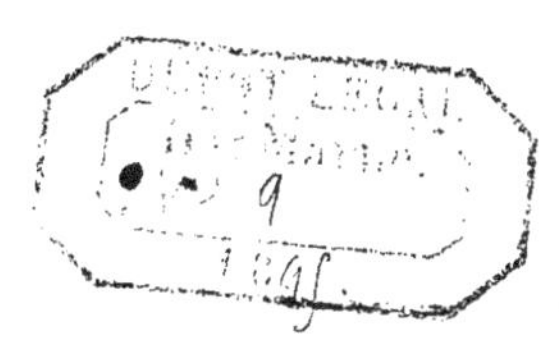
DÉPÔT LÉGAL

DES

MARCHÉS A TERME

HISTORIQUE ET LÉGISLATION

COMMENTAIRE DE LA LOI DU 28 MARS 1885

PAR

Édouard BADON-PASCAL

Avocat,

Membre de la Société d'Économie politique.

PRIX : **1 Franc**

PARIS

ADMINISTRATION DU DROIT FINANCIER

1, RUE ROSSINI, 1

1895

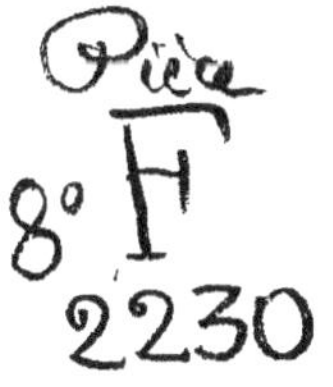
Pièce
8° F
2230

DES MARCHÉS A TERME

HISTORIQUE ET LÉGISLATION

COMMENTAIRE DE LA LOI DU 28 MARS 1885

CHAPITRE PREMIER
Législation ancienne

L'origine de la Bourse est très ancienne ; c'est Philippe-le-Bel qui a déterminé son premier emplacement par son ordonnance de février 1304 qui édicte que « Ceux du change se réuniront sur le Grand Pont, du côté de la Grêve, entre la Grande Arche et l'Église de Saint-Leufroy (1). » Mais les marchés à terme ont été connus très tard en France.

Il n'en était pas de même en Hollande. Dans ce pays, toutes les spéculations à terme étaient pratiquées depuis très longtemps. Les commerçants d'Amsterdam spéculaient à terme sur toutes les marchandises ; ils connaissaient les marchés ferme, à prime et à option.

Chez nous, les opérations à terme n'ont fait leur apparition qu'avec les valeurs mobilières.

C'est l'Écossais Law qui a émis, le premier en France, des actions au porteur.

Le 2 mai 1716 il obtient le privilège d'une banque générale fondée par actions, qui devint la Banque royale. Cette banque fonda la Compagnie d'Occident, destinée à exploiter la vaste contrée arrosée par le Mississipi et toute la Nouvelle-Orléans.

La Banque royale obtint aussi le bail des fermes générales et le privilège du commerce du Sénégal de la Chine et des Indes. C'est à ce moment que la Banque royale prit le titre de *Compagnie des Indes* (2). Chaque transformation devenait l'objet de l'émission d'actions nouvelles et chaque émission donnait lieu à des spéculations dont on n'a aucune idée de nos jours. C'est ainsi que, lors de la formation de la seconde

(1) C'est le Pont-au-Change actuel.
(2) V. Horace Say, *Dictionnaire d'économie politique*, article *Agiotage*.

Société de la *Compagnie des Indes*, les actions montèrent à 40 fois leur valeur à terme et on raconte que l'abbé d'Espagnac avait acheté à terme, pour son compte, 48,653 actions, c'est-à-dire 8,653 de plus que le nombre des titres émis.

Cet agiotage effréné, à une époque où il n'y avait ni crédit ni marché en France et où la désorganisation commençait à régner dans les finances de l'État, amena des répressions sévères.

Le 22 mars 1720, Louis XV rendit une ordonnance, d'après l'avis de Monseigneur le duc d'Orléans. Cette ordonnance défend de s'assembler dans la rue Quincampoix pour négocier du papier.

Le 24 septembre 1724, un arrêt du Conseil d'État proscrivit de négocier les effets et papiers commerçables, à peine de prison et de 6.000 livres d'amende. L'article 18 de cet arrêt décide que : « *Toutes négociations de papiers commerçables et d'effets faites sans le ministère d'un agent de change seront déclarées nulles en cas de contestation, faisant Sa Majesté deffense à tous huissiers et sergens de donner aucune assignation sur icelles à peine d'interdiction et de 300 livres d'amende, et à tous juges de prononcer aucun jugement, à peine de nullité du dit jugement* ».

A la fin du règne de Louis XVI, les finances de l'État étaient encore en plus mauvais état (1). Le contrôleur général des finances Calonne voulut rejeter sur la spéculation le mauvais état du Trésor et la défaveur qui s'attachait aux effets publics.

On ne comprenait pas, à cette époque, que ces dispositions restrictives allaient contre leur but et comprimaient l'essor de la hausse. On s'en aperçoit bien, aujourd'hui, car il faut le reconnaître, c'est la spéculation à la hausse qui a fondé le crédit de l'État, fait les chemins de fer et subvenu aux travaux de la paix comme aux rançons de la guerre.

Quoi qu'il en soit, le Ministre fit rendre, le 7 août 1785, un arrêt du Conseil d'État dont l'article 7 est ainsi conçu : — « ART. 7. — *Déclare nuls, Sa Majesté, les marchés et compromis d'effets royaux et autres quelconques qui se feraient à terme et sans livraison desdits effets, ou sans le dépôt réel d'iceux, constaté par acte dûment contrôlé, au moment même de la signature de l'engagement* ».

(1) V. Taine, l'*Ancien régime*.

Le 22 septembre 1786, un arrêt du Conseil d'État *interdit les marchés à terme d'effets royaux ou autres effets publics ayant cours dont la livraison s'étendrait au delà de deux mois.*

Sous Louis XV et Louis XVI, les finances de la Monarchie n'étaient pas brillantes, mais sous la République les fonds manquaient absolument. Qu'on en juge par les lois suivantes :

La loi du 13 fructidor an III décide (art. 3) que tout homme qui sera convaincu d'avoir vendu des marchandises et effets, dont, au moment de la vente, il ne serait pas propriétaire, sera déclaré : *agioteur*. A ce titre, il sera condamné à deux années de détention, à l'exposition en public avec un écriteau portant ce mot : *agioteur*, et tous ses biens seront confisqués au profit de la République.

La loi du 28 vendémiaire an IV défend (art. 15) à toute personne de vendre ou d'acheter, ni de prêter son ministère pour aucune vente ou achat de matières ou espèces métalliques à terme ou à prime.

Toute contravention sera regardée comme agiotage (art. 16). Les contrevenants seront punis suivant les peines infligées aux agioteurs par la loi du 13 fructidor an III ; les marchés seront annulés et leur produit confisqué au profit entier des citoyens zélés qui auront dénoncé et fait connaître la contravention à la loi.

CHAPITRE II

LÉGISLATION MODERNE.

Jurisprudence de 1804 à 1885.

Le Code Civil ne contient aucun article relatif aux marchés à terme, car, ainsi que nous le démontrerons, l'article 1965 a été fait uniquement pour des jeux de hasard.

Le Code Pénal ne contient que les articles 421 et 422 qui soient relatifs aux paris faits sur la hausse et la baisse des effets publics. Mais l'article 422 ne punit que le vendeur qui n'a pas les titres à sa disposition, l'acheteur n'est pas soumis aux prescriptions de la loi. Et, en effet, à cette époque où le crédit était en enfance, Napoléon ne voulait punir que le vendeur, lui seul faisait de l'opposition à son gouvernement.

Nous disions que le législateur en faisant l'article 1965 ne pensait pas aux marchés à terme. Dans la discussion du Code Civil devant le Conseil d'État (en 1804) les législateurs, en rappelant les ordonnances de Justinien, n'ont eu en vue que les jeux de cartes et de hasard, il n'a pas été question des opérations de bourse, à peine connues à cette époque (1).

Quant à la jurisprudence depuis 1804 jusqu'au 28 mars 1885 elle est très intéressante à consulter.

De 1805 à 1823, pendant les 18 années qui ont suivi la promulgation du titre des contrats aléatoires (art. 1965 et suivants) à une époque où l'intention du législateur pouvait s'apprécier plus facilement, la Cour d'appel de Paris et la Cour de Cassation prononcent la validité des marchés à terme, sans aucune distinction, en décidant qu'ils n'étaient prohibés par aucune loi en vigueur (2).

En 1823, plusieurs arrêts, notamment celui rendu dans l'affaire Perdonnet c. Forbin-Janson, modifient complètement la jurisprudence. Les anciens arrêts du Conseil d'Etat sont ressuscités et, par suite, les marchés sont divisés en deux catégories distinctes : ceux qui comportent le dépôt préalable des titres sont reconnus ; quant à ceux qui sont faits sans dépôt, ils sont déclarés jeux de Bourse et annulés (3).

En 1832, on s'aperçut probablement que la jurisprudence établie par l'arrêt Forbin-Janson était trop absolue ; car exiger le dépôt préalable des titres ou de l'argent, c'était vouloir supprimer le principe de tout marché à terme et, par suite, le crédit de l'Etat (4).

A cette époque, la jurisprudence se modifie sensiblement et, pendant la période de **1832 à 1849**, elle décide que le vendeur des titres est tenu, seul, au dépôt préalable.

En 1847, la distinction entre l'acheteur et le vendeur est supprimée. La jurisprudence décide que : les marchés à

---

(1) V. dans notre ouvrage sur les *Marchés à terme*, (p. 36 à 43) : — Exposé des motifs présenté par Portalis. — Rapport fait au Tribunat par le tribun Siméon et discours prononcé par le tribun Duveyrier devant le Corps législatif (1804).

(2) V. notre ouvrage sur les *Marchés à terme*, p. 47 et 83.

(3) V. *le même ouvrage*, p. 91.

(4) V. *le même ouvrage*, p. 103.

terme peuvent être valables quand ils sont sérieux ; et que le caractère du jeu se manifeste principalement par la circonstance que les opérations sont hors de proportion avec les facultés du vendeur et de l'acheteur et ne doivent pas être suivies d'une livraison réelle (1).

En 1857, la Cour de Cassation supprime ce dépôt préalable, elle décide que les opérations à terme sont licites. Quant à celles qui cachent le jeu, la Cour de Cassation en maintient toujours la nullité.

Le 19 janvier 1860, dans le célèbre procès des coulissiers, la Cour suprême confirme sa jurisprudence en décidant que : « les opérations à terme sont réputées licites, à la seule condition qu'elles soient sérieuses, tendent à la délivrance réelle des titres et ne cachent pas des marchés fictifs et de jeu ».

Plus tard, la Cour de Cassation a décidé que dans les marchés se soldant par des différences, les Tribunaux ont un pouvoir souverain pour juger si les opérations sont sérieuses ou si elles constituent un jeu. La question était donc laissée à l'appréciation souveraine des juges du fait.

Les Cours d'appel établirent alors la jurisprudence suivante : elles décidèrent qu'il y a jeu quand l'intermédiaire a prêté sciemment son ministère à des opérations de cette nature, en engageant des affaires hors de proportion avec la fortune de son client.

C'était un grand pas fait en avant, mais ce n'était pas assez ; on le vit bientôt et la jurisprudence arbitraire ne servit qu'à encourager le jeu et la mauvaise foi.

En 1882, après le Krach, on s'en aperçut bien. En effet, en condamnant ceux qui avaient pris des engagements conformes à leurs moyens et en accordant l'impunité à ceux qui avaient fait des opérations disproportionnées, la jurisprudence encourageait à faire des opérations excessives ; s'il y avait un bénéfice, il était plus considérable ; s'il y avait une perte, on ne payait pas. Les magistrats accordaient ainsi l'impunité à ceux qu'on voulait atteindre.

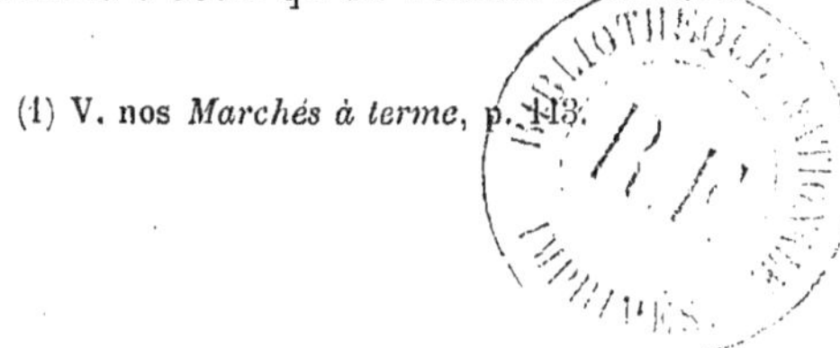

(1) V. nos *Marchés à terme*, p. 113.

CHAPITRE III

COMMENTAIRE DE LA LOI DU 28 MARS 1885.

§ 1. — Loi du 28 mars 1885.

C'est dans ces conditions qu'est intervenue la loi du 28 mars 1885 qui a considéré que les opérations de bourse étaient des opérations commerciales et légales. Cette loi est ainsi conçue :

ART. 1er. — Tous marchés à terme sur effets publics et autres ; tous marchés à livrer sur denrées et marchandises sont reconnus légaux.

Nul ne peut, pour se soustraire aux obligations qui en résultent, se prévaloir de l'article 1965 du Code Civil, lors même qu'ils se résoudraient par le paiement d'une simple différence.

ART. 2. — Les articles 421 et 422 du Code Pénal sont abrogés.

ART. 3. — Sont abrogées les dispositions des anciens arrêts du Conseil des 24 septembre 1724, 7 août, 2 octobre 1785 et 22 septembre 1786, l'article 15, chapitre 1er, l'article 4, chapitre 2, de la loi du 28 vendémiaire an IV, les articles 85, paragraphe 3 et 86 du Code de Commerce.

ART. 4. — L'article 13 de l'arrêté du 27 prairial an IX est modifié ainsi qu'il suit :

« Chaque agent de change est responsable de la livraison et du payement de ce qu'il aura vendu et acheté. Son cautionnement sera affecté à cette garantie ».

ART. 5. — Les conditions d'exécution des marchés à terme par les agents de change seront fixées par le règlement d'administration publique prévu par l'article 90 du Code de Commerce.

Pendant neuf années les spéculateurs, obligés de remplir leurs engagements, n'ont pas invoqué ou ont invoqué sans succès l'exception de jeu.

Mais deux arrêts successifs de la Cour de Paris (1) et un arrêt de la Cour de Lyon ont admis ce moyen et, en se fondant sur la jurisprudence antérieure à la loi de 1885, ils ont examiné l'intention des intermédiaires.

Puisque l'exception de jeu renaît de ses cendres, il nous paraît utile et intéressant de reprendre, à nouveau, cette question et d'étudier, tant d'après les travaux préparatoires que d'après la pratique, quelle est la situation des marchés à terme depuis la loi du 28 mars 1885.

(1) V. *Droit financier*, 1894, p. 395 et 406.

§ 2. — Discussion devant le Sénat.

La Chambre des Députés avait adopté en seconde lecture le texte suivant :

Article 1er. — « *Tous marchés à terme sur effets publics et autres, tous marchés à livrer sur denrées et marchandises sont reconnus légaux.*

« *Nul ne peut, pour se soustraire aux obligations qui en résultent, se prévaloir de l'article 1965 du Code Civil, lors même qu'ils devraient se résoudre par le paiement d'une simple différence ».*

On voit, par la rédaction de ces deux paragraphes, que la Chambre avait voulu deux choses :

1° Sanctionner, par la loi, les marchés à terme, reconnus depuis longtemps par la jurisprudence ;

2° Rendre inapplicable aux obligations qui résultent des marchés à terme l'exception de jeu, c'est-à-dire l'article 1965 du Code Civil.

Le Sénat critiqua le second paragraphe de cet article, la Commission le trouvait trop radical.

Tous les membres de la Commission (1) admettaient bien la réforme proposée, c'est-à-dire la suppression de l'exception de jeu, tous admettaient que lorsqu'un marché à terme ou à livrer est intervenu, le marché doit être déclaré valable sans que les Tribunaux puissent, en aucun cas, rechercher les intentions de ses auteurs et se demander s'il s'est terminé par une livraison de titres ou de marchandises ou par le simple paiement d'une différence.

Mais la majorité de la Commission fut d'avis de modifier le second paragraphe de l'article 1er et de remplacer les mots : *devraient se résoudre* par ceux-ci : *se résoudraient.*

Elle proposa donc de modifier ainsi le second paragraphe :

« *Nul ne peut, pour se soustraire aux obligations qui en résultent* (des marchés à terme) *se prévaloir de l'article 1965 du Code Civil, lors même qu'ils se résoudraient par le payement d'une simple différence.* »

La majorité de la Commission basait son opinion sur ce que

(1) Cette commission était composée de MM. de Parieu, président, Béral, secrétaire ; A. Naquet, Bozérian, Mazeau, Xavier Blanc, Clamageran, Dietz-Monnin, Munier.

la rédaction de la Chambre allait au delà de ce qui avait été constamment demandé depuis le parère de 1824 (1) ; qu'elle dépassait le but et que cette rédaction validerait non seulement les vrais marchés, mais encore des conventions nouvelles, inconnues jusqu'ici, innomées, que l'on ne saurait assimiler à un marché.

En résumé, — disait la majorité, — « *s'il s'agit d'un marché contracté selon les règles, le marché est valable ; il est couvert par une présomption légale qui empêche les Tribunaux de rechercher les intentions premières des parties.*

« *Mais s'il s'agit d'une convention écrite portant que la livraison des titres ou des marchandises ne pourra être ni exigée ni imposée, les Tribunaux apprécieront, comme aujourd'hui, s'il y a là une convention sérieuse que la société doive couvrir de sa protection, ou un simple jeu dont elle n'ait pas à connaître* ».

Les membres de la minorité de la commission ne se rendirent pas facilement à ces arguments ; ils trouvaient que si la rédaction de la Chambre donnait lieu à quelques critiques, elle avait l'avantage de mieux préciser la présomption légale et de fermer plus sûrement la porte aux interprétations de la jurisprudence, interprétations dont on voulait surtout se débarrasser.

« *Si, disaient-ils, nous remplaçons le membre de phrase* « devaient se résoudre » *par celui* « se résoudraient », *nous indiquons que nous ne voulons pas couvrir de cette présomption légale les conventions innomées dans lesquelles on s'engagerait, dès le début, par écrit, à ne pas livrer.*

« *Mais qu'est-ce, en somme, qu'une convention écrite, sinon une preuve authentique, il est vrai, de l'intention des parties ? Or, si cette intention des parties ressort évidente, encore bien qu'il n'y ait eu aucune stipulation écrite, les Tribunaux n'y verront-ils pas le moyen d'annuler des marchés qui auraient cependant revêtu la forme ordinaire ? Ne diront-ils pas que le marché a été fictif, que les parties n'ont adopté la forme régulière que pour éluder la loi ; qu'en fait, étant donné qu'ils étaient décidés, dès le début, à ne liquider leurs opérations que par le paiement d'une différence, ils ont fait un simple pari que la*

(1) V. ce parère, *Marchés à terme*, par Badon-Pascal, p. 56.

loi ne peut couvrir de sa protection, et, si cela arrive, qu'au-
rons-nous fait? Rien.

« Avec la rédaction de la Chambre, on peut couvrir quelques
paris ; mais en voulant combattre une forme de jeu qui ne s'est
peut-être jamais pratiquée, on sacrifie la clarté de la loi à une
chimère ».

Les arguments donnés par la minorité étaient sérieux, ils
avaient pour but de fermer la porte à des appréciations d'où
pourrait sortir une jurisprudence opposée à l'esprit et au texte de la nouvelle loi.

Mais les jurisconsultes qui faisaient partie de la commission firent accepter par les membres de la minorité la rédaction proposée, rassurant ceux-ci contre les dangers qu'ils
signalaient. D'après eux, le texte proposé reconnaissant les
marchés à terme ou à livrer comme marchés légaux même
lorsqu'ils se résoudraient par des différences, les intentions
des parties ne pourraient jamais être recherchées.

La nouvelle loi établit la présomption légale qu'il n'y a pas
jeu ; or, le Code Civil est formel à cet égard ; la présomption
légale dispense de toute preuve celui au profit duquel elle
existe (art. 1352 C., civ.).

La minorité voulait, au moins, introduire le mot « présomption légale » dans le second alinéa de l'article premier, où il
est question de différence; mais elle s'est laissée influencer par
la majorité, qui a été d'avis que c'était inutile et contraire aux
habitudes juridiques. La loi ne se sert du mot « présomption
légale » que dans les articles 1350 et 1352, pour en détermi-
ner la nature et le caractère ; dans les autres articles du Code,
elle procède par simple affirmation, comme dans l'espèce ac-
tuelle.

Après cette discussion dans le sein de la commission, le
Sénat vota sans discussion, dans la séance du 19 février 1885,
le second paragraphe de l'article premier ainsi conçu:

« Nul ne peut, pour se soustraire aux obligations qui en
résultent (des marchés à terme), *se prévaloir de l'article* 1965
du Code Civil, lors même qu'ils se résoudraient par le paiement
d'une simple différence ».

En résumé, l'intention du Sénat était conforme à celle de la
Chambre des Députés, seulement le Sénat voulait que la loi
nouvelle s'appliquât aux marchés tels qu'ils sont pratiqués de

nos jours et qui sont tous livrables, et non pas à des opérations nouvelles dans lesquelles il serait convenu qu'on ne livrera jamais les titres.

§ 3. — Discussion à la Chambre des Députés.

Les préoccupations de la minorité de la commission sénatoriale étaient-elles fondées ? L'un de nos plus éminents jurisconsultes, M. Lyon-Caen, le prétendit. Il exposa dans le journal *la Loi* du 4 mars 1885 que la modification, apportée par le Sénat au texte de la Chambre, loin de fermer la porte aux investigations des Tribunaux (but poursuivi par la loi), la laissait, au contraire, aussi ouverte qu'auparavant et que, au lieu d'enrayer la jurisprudence, la nouvelle loi lui donnait une consécration nouvelle.

La jurisprudence antérieure, telle que M. Lyon-Caen la comprenait, admettait l'exception de jeu lorsque les parties (vendeur et acheteur, agent de change et client) ont conclu, en la forme, un marché à terme ou à livrer, mais sont convenues, au moment du marché, de ne jamais arriver à une livraison effective, de se tenir seulement compte, le terme échu, des variations survenues dans les cours, en se payant des différences.

Cette formule dans laquelle M. Lyon-Caen résumait l'esprit de la jurisprudence peut paraître un peu absolue dans la forme, mais elle n'en reflétait pas moins la pensée des magistrats.

L'éminent jurisconsulte conclut de cette formule que la nouvelle loi doit s'appliquer uniquement aux marchés dans lesquels il est convenu qu'on ne livrera jamais, tandis qu'au contraire le rapport de la commission considère ces marchés comme des opérations inconnues, innomées, dont on n'a pas à s'occuper à propos d'une loi sur les marchés à terme.

Ainsi les opinions étaient bien tranchées, car, sur ce premier point, M. Lyon-Caen prétendait d'une façon catégorique que la majorité de la commission, en modifiant le projet, avait rendu la loi inefficace.

M. Lyon-Caen adressait une seconde critique au rapport de la commission, à propos de la présomption légale.

Il prétendait que cette présomption, dans le silence de la loi, pourrait être détruite par la preuve contraire, qui établirait que les parties n'ont pas entendu, d'après les circonstances, faire une véritable vente. Il est, en effet, de principe

certain, dit le savant jurisconsulte, que l'on peut prouver contre les présomptions légales : l'article 1352 du Code Civil exclut seulement la preuve contraire à l'égard de deux classes
de présomptions légales : 1° celles sur le fondement desquelles la loi refuse l'action en justice ; 2° celles sur le fondement
desquelles la loi annule certains actes.

L'opinion de M. Lyon-Caen était donc que le projet du Sénat
excluait l'exception de jeu quand le marché, sérieux à l'origine, se résout par le paiement de différences, mais qu'il laissait aux Tribunaux le droit de l'admettre quand ils jugent d'après les circonstances que « dès l'origine » il y a eu volonté
de ne pas arriver à une livraison effective.

M. Peulevey, dans son rapport à la Chambre des Députés,
réfuta ce commentaire anticipé de la loi ; il établit que le Sénat, en modifiant une expression, n'a pas voulu bouleverser
toute l'économie de la loi, mais seulement déclarer qu'il n'entendait pas couvrir le pari, ce qui eût été l'abrogation de l'article 1965 du Code Civil.

*« En décidant, dit M. Peulevey, que nul ne peut, pour se soustraire aux obligations qui résultent des marchés à terme se
prévaloir de l'article 1965, le législateur a eu pour objet de couper court aux interprétations arbitraires de la jurisprudence ;
il entend dénier toute action en justice pour établir le contraire
de ce qui résulte des termes du marché. C'est qu'en effet la loi
signifie que le marché constitue la présomption juris et de jure,
contre laquelle nulle preuve n'est admise conformément à l'article 1352 du Code Civil. Et ce n'est pas le seul cas où, sans le
déclarer expressément, la loi dénie le droit d'action en justice
sur le fondement de la présomption qu'elle établit ?*

*« Qu'on se reporte aux articles 312, 1282, 2262 du Code Civil;
la loi, dans ces diverss articles établit une présomption juris
et de jure, contre laquelle nulle preuve n'est admise, quoique
la loi ne le dise pas expressément. Quant à l'interprétation de
la modification apportée par le Sénat, elle est tout entière dans
le rapport de M. Naquet, qui a exprimé ainsi la pensée de la
commission et du Sénat comme nous l'avons vu plus haut.*

*« La Commission sénatoriale, dit le rapporteur du Sénat, a
craint qu'avec la rédaction adoptée par la Chambre on n'arrivât à valider, non seulement les vrais marchés, mais encore
des conventions nouvelles, inconnues jusqu'ici, innomées, que
l'on ne saurait assimiler à un marché et par lesquelles, au moment même de la transaction, les parties s'engageraient par*

écrit à ne pas exiger la livraison, à ne pas l'imposer et à ré-
soudre l'opération par le simple paiement d'une différence.

« Dans ce cas, le mode de solution par différence ne serait
plus un simple fait, une des diverses manières dont les mar-
chés se résolvent.

« Ce serait un droit, une obligation.

« De telles opérations auraient-elles le caractère d'un mar-
ché ? Nullement, et on ne saurait les valider à propos d'une
loi sur les marchés à terme.

« La pensée du Sénat est exactement la même que celle de la
Chambre sur les inconvénients auxquels il s'agit de porter re-
mède, et il n'a pas paru à la commission que, pour échapper
à une sorte d'argutie sur un mot, le vote d'une loi si impa-
tiemment attendue pût être encore indéfiniment retardé. »

Le rapport établit encore que la loi n'a entendu prohiber
ni les marchés de compensation, ni les marchés à prime, ni
les marchés où se rencontre la faculté de diminuer ou d'aug-
menter les quantités vendues ou achetées.

« Ce que le Sénat n'a pas voulu, dit le rapporteur, c'est ap-
prouver et sanctionner cette jurisprudence qui fait dépendre
la validité du marché de simples présomptions, tirées soit de
l'importance des opérations, comparée à la situation de for-
tune, non pas des contractants, mais de celui qui veut se sous-
traire à ses engagements ; soit de l'intention des parties, quand
cette intention des parties ne dérive que des résultats. »

Tel a été le but du Sénat, et sa volonté s'est traduite en
déniant toute action en justice pour faire la preuve du marché : *« Nul ne pourra se prévaloir de l'article 1965 pour se sous-*
traire aux obligations du marché.

Comment serait-il possible, dit en finissant M. Peulevey,
« Qu'après les déclarations aussi nettes, aussi formelles, que
le Sénat s'est appropriées par son vote, et que la Chambre ra-
tifiera sans doute par le sien, comment serait-il possible, disons-
nous, que les Tribunaux eussent encore la velléité d'admettre
qu'il n'y a là qu'une présomption qui peut être détruite par la
preuve contraire ; que rien n'est changé dans la législation, et
que les parties pourront, comme par le passé, se prévaloir de
l'article 1965 pour se soustraire à leurs engagements ?

« Votre commission ne le pense pas. Elle affirme de nouveau
que tous les marchés à terme et à livrer, tels qu'ils sont connus

*et pratiqués dans le monde des affaires, constituent, par eux-
mêmes, une preuve contre laquelle nulle preuve contraire ne
peut être admise, et c'est sous le bénéfice de ces observations
qu'elle vous propose d'adopter le projet de loi tel qu'il a été
voté par le Sénat.* »

La Chambre des Députés, dans sa séance du 27 mars 1885,
vota l'article 1er du projet de loi sans discussion ; elle a donc
adopté tous les termes du rapport.

CHAPITRE IV

MARCHÉS LIVRABLES. — MARCHÉS FICTIFS. — MARCHÉS INNOMÉS

Le doute n'est plus permis, après les conclusions si formelles et si claires du rapport de M. Peulevey.

Tous les marchés actuels sont légaux, on ne peut leur appliquer l'ancienne jurisprudence relative à l'exception de jeu.

Il faut savoir gré à M. Lyon-Caen d'avoir provoqué les ex-
plications du rapporteur de la commission ; ses observations
avaient une grande valeur, puisqu'elles reproduisaient la pensée secrète de bien des magistrats qui, en admettant l'exception de jeu, supposaient que les opérations étaient fictives ;
qu'il y avait eu, par conséquent, dès l'origine, une convention
de ne pas livrer.

Ces appréciations du magistrat, si elles ne s'étaient pro-
duites qu'après la promulgation de la loi, auraient pu avoir des
conséquences graves ; elles auraient pu annuler, en grande
partie, les effets de la loi, tandis qu'actuellement le législateur a formulé son opinion d'une façon très catégorique ; il
s'est prononcé contre toute jurisprudence qui appliquerait l'article 1965 du Code Civil aux marchés à terme.

Mais un point important de la discussion reste dans l'om-
bre, nous allons essayer d'y porter la lumière, en expliquant
en quoi consiste la différence notable qui existe entre l'opinion signalée par M. Lyon-Caen et celle du législateur.

Le Sénat et la Chambre des Députés ont visé les marchés
tels qu'ils existent. Or ces marchés sont tous livrables, même
les marchés à prime.

Nous le prouvons par la formule suivante, qui détermine les
engagements respectifs des agents de change :

Paris, ce...

Ou { *acheté* / *vendu* } . . . . . . à . . . . . .

Jouissance courante, livrables en liquidation *de*.. ou plus tôt à la volonté de l'acheteur (1) *contre le paiement de la somme de*. . . . .

Fait double
Signé (l'agent de change).

Dans les marchés actuels, la convention est donc de livrer, et, en vertu de cette convention, le vendeur livrera à sa fantaisie, l'acheteur prendra livraison de son titre en liquidation ; il a même le droit, par l'escompte, de transformer son achat à terme en achat au comptant. Ce sont ces marchés qui font seuls l'objet de la nouvelle loi.

Quant aux marchés, indiqués par quelques arrêts, dans lesquels les parties sont convenues, au moment de l'opération, de ne jamais arriver à une livraison effective, ils n'existent que dans la jurisprudence invoquée par M. Lyon-Caen, et les deux Chambres ont eu raison de dire qu'ils étaient inconnus, innomés.

On peut affirmer, de la façon la plus absolue, que la convention est toujours, à l'origine, de livrer et, en vertu de cette convention, on lève et on livre comme on l'entend.

Supposons un spéculateur qui, pendant des mois et même pendant des années, n'a jamais pris livraison ni livré aucun des titres sur lesquels il opère ; il vient à hériter ou à toucher une somme importante. Pourra-t-il, en vertu du contrat originaire, exiger la livraison des titres qu'il a achetés en liquidation ? La jurisprudence invoquée dit non. Nous disons : oui, il aura ce droit, parce qu'il n'existe qu'une convention : celle de livrer, et qu'il n'a jamais existé de convention contraire.

Les Tribunaux pouvaient donc appliquer l'article 1965, sous prétexte que les spéculations excessives dégénéreraient en jeu, c'était leur droit ; mais ils ont fait une confusion lorsqu'ils ont déclaré que la convention originaire était de ne pas livrer.

Il y a une trentaine d'années, les spéculateurs, gênés par

(1) Les mots « ou plus tôt à la volonté de l'acheteur », indiquent que l'acheteur seul a le droit d'exiger, à sa volonté, la livraison des titres, ce qui, en termes de bourse, s'appelle *escompter*.

les escomptes, ont voulu les supprimer ; quelques agents de change ont, à la demande de leurs clients, fait des achats et des ventes de valeurs non escomptables, mais dès que ces opérations ont été portées à la connaissance de la Chambre syndicale, elles ont été interdites.

Les spéculateurs ne se découragèrent pas et portèrent devant la justice leur prétention de supprimer l'escompte. Le Tribunal de commerce, dans une affaire Mayrargues contre Duvivier et Cie, a rendu un jugement en date du 10 mars 1867, favorable à l'agent de change qui, ayant subi l'escompte, avait été obligé de racheter les valeurs que Duvivier et Cie refusaient de livrer. La Cour, dans son audience du 6 janvier 1868, a maintenu le droit d'escompte et a décidé :

« Que tout acheteur à terme a le droit d'escompter, c'est-à-dire d'exiger la livraison des titres avant la liquidation ».

Ce droit était consacré par le règlement des agents de change approuvé par le ministre des finances et par l'usage de la Bourse, et il a été confirmé par le décret du 7 octobre 1890, art. 63.

Le vendeur qui veut se soustraire à cet usage doit, par une convention expresse, interdire l'escompte à son acheteur (1).

Ainsi, d'après l'usage, comme d'après la convention, c'est la livraison qui régit le marché et comme le dit l'arrêt, si on ne veut pas être escompté, il faut faire une convention contraire. Or, comme nous l'avons vu, cette convention contraire est interdite aux agents de change par la Chambre syndicale.

Ajoutons que si la convention de non livraison est interdite pour l'escompte, elle l'est, *à fortiori*, pour les liquidations qui se liquident toujours par des compensations ou des livraisons de titres.

Nous sommes donc de l'avis de la Chambre des Députés et du Sénat. La loi nouvelle n'a en vue que les marchés actuels, qui, en principe, sont tous livrables.

Ils dégénèrent quelquefois en jeu, c'est possible, et la jurisprudence, les considérant comme fictifs, les annulait ; mais si la convention intervenue à l'origine comporte la livraison, on ne pourra plus les annuler, ils tombent sous l'application de la nouvelle loi, quand même ils se résoudraient toujours par des différences.

Si, au contraire, les parties ont fait une convention écrite de

(1) V. *Marchés à terme* par Badon-Pascal, p. 140. V. aussi un autre arrêt en date du 18 mai 1866 (Torton. c. Bligny), *eod. loc.*, p. 135.

ne jamais livrer la valeur, l'article 1965 pourra toujours leur être appliqué. Les deux Chambres sont d'accord pour dire que les opérations qui ne sont susceptibles d'aucune livraison sont inconnues, innomées ; ce sont donc ces opérations seules qui peuvent être déclarées fictives.

Quant aux autres, on ne peut plus, avec la nouvelle loi, décider que ce sont des paris déguisés sous la forme d'une vente. S'il y avait encore une hésitation, elle serait bien vite dissipée en consultant le rapport si formel et si concluant de la Commission de la Chambre des Députés.

La nouvelle loi a, du reste, pour but de donner à l'article 1965 sa véritable interprétation. Le législateur de 1804 ne donnait aucune action pour le paiement d'un pari ou d'une dette de jeu, mais il n'avait pas en vue les marchés à terme, presque inconnus à cette époque ; il ne songeait qu'aux jeux de hasard ainsi qu'il est établi ci-dessus pages 5 et suivantes.

L'article 1965 reste donc, aujourd'hui, ce qu'il était à l'origine ; le législateur de 1885 lui a rendu l'interprétation qui lui avait été assignée par le législateur de 1804, il ne doit plus s'appliquer qu'aux jeux de cartes et de hasard.

Imp. G. Saint-Aubin et Thevenot, Saint-Dizier (Haute-Marne) 15-17, passage Verdeau, Paris

www.ingramcontent.com/pod-product-compliance
Lightning Source LLC
LaVergne TN
LVHW051141060726
842526LV00006B/2164